Sprachspiele

Der ABC-Zirkus

1 Verbinde die Punkte nach dem ABC. Es kommt auf den **zweiten** Buchstaben an: *Aa – Ab*

2 Lies das Plakat. Die Tiere treten nach dem ABC auf. Übermale bei den Tiernamen den **zweiten** Buchstaben rot. Schreibe dann auf, in welcher Reihenfolge die Tiere auftreten:

Vor der Pause:	1.

Nach der Pause:	1.

3 Übermale bei den Wörtern in den Tellern den **zweiten** Buchstaben rot, den **dritten** blau.

4 Schreibe die Wörter in den Tellern nach dem ABC geordnet auf:

ABC: Ordnen nach dem 2. und 3. Buchstaben

Sprachspiele

Quiesels lustiger Zoo

Substantive/Nomen	Verben	Adjektive
Flöhe Frösche	purzeln pfeifen	putzig pfiffig
Pferde Pudel	**fl**itzen tanzen	**fl**ott tadellos
Tauben Tiger	tippen fressen	frech tierisch

1 Nimm aus jedem Wagen ein Wort. Die ersten beiden
Buchstaben müssen gleich sein. Bilde Sätze wie Quiesel:

Das gibt lustige Sätze, zum Beispiel:
***Fl**öhe **fl**itzen **fl**ott.*

Fl: _____

Fr: _____

Pf: _____

Pu: _____

Ta: _____

Ti: _____

Vom Hocker *fiel* ein Clown – beim _____ .

Ein Krokodil *fraß* Pommes zum _____ .

Die Affen mögen *Salat,* aber keinen _____ .

Am Käfig ist ein *Riegel,* der Clown schaut in den _____ .

Der Tierbändiger *brät* ein Schnitzel sich – abends _____ .

Das Känguru kann nicht *singen,* aber meterweit _____ .

„Ich verspreche mich *nicht!*", der Papagei _____ .

Quiesels *Witze* sind einfach _____ !

2 Finde die Reime mit **Sp/sp**. Schreibe die Wörter auf und kreise **Sp/sp** ein.
(Lösungen: Spiel, spät, Spaß, Spiegel, Spinat, spricht, springen, spitze)

ABC: Ordnen nach dem 2. Buchstaben; Wortarten; Satzbildung; Wörter mit *Sp/sp*

Der Clown macht ein Spiel

①ab ○Satz ○Text ○lustig ○Zettel ○rufen ○los ○fertig
○alle ○denken ○Spiel ○gerne ○Spaß ○Wort ○zusammen

1 Wie das Spiel geht, erfährst du, wenn du die Wörter aus der Fahne einträgst:

Der Clown ruft: „Jetzt machen wir ▯▯▯▯▯▯▯▯ ein

▯▯▯▯▯▯▯! Achtung, ▯▯▯▯▯▯ ▯▯▯▯!" Der Clown

schreibt ein ▯▯▯▯ auf einen ▯▯▯▯▯▯. Ein Kind schreibt

einen passenden ▯▯▯▯ dazu. Die nächsten Kinder ▯▯▯▯▯▯

sich neue Sätze aus und schreiben sie dazu. So entsteht ein witziger ▯▯▯▯.

Das Spiel ist ▯▯▯▯▯▯ und macht ▯▯▯▯. Die Kinder

▯▯▯▯▯▯: „Das spielen wir ▯▯▯▯ ▯▯▯▯!"

2 Nummeriere die Wörter aus der Fahne oben nach dem ABC.
Schreibe sie dann nach dem ABC geordnet auf:

Schule

Was Quiesel in der Schule mag

1 Die Kinder haben Wortkarten geschrieben. Schreibe die Substantive/Nomen in die Kästchen 1 bis 6. Hake die verwendeten Wörter ab.

2 Schreibe die Verben in die Kästchen 7 bis 12. Hake die Wörter ab.

Das Lösungswort verrät dir, was Quiesel in der Schule mag:

3 Schreibe die Wörter aus dem Rätsel nach Silben getrennt auf:

In der Schule

Julias Füller | ist verschwunden. |
Sie meldet sich: | Mein Füller | ist weg. |
Freundlich fragt | die Lehrerin: |
Vielleicht hast du | ihn vergessen? |
Julia sagt: | Nein! | Er lag | vor der
Frühstückspause | auf meinem Tisch! |
Da ruft Florian: | Ich sehe | den Füller. |
Er steckt | im Blumentopf. |
Wie er | da wohl | hinkommt? |

Gut, dass ich die Blumen noch nicht gegossen habe!

1 Lies den Text. Zeichne unter die längeren Wörter Bögen wie in der ersten Zeile.

2 Schreibe die Wörter jeweils bis zum nächsten Strich ab.
Überprüfe, ob du sie richtig geschrieben hast.

Arbeitstechnik: Abschreiben eines Textes

Schule

Kopfrechnen

Guten _____ Kinder ◯ – Guten _____ ◯

Wir fangen mit _____ an ◯

Hannes, wenn ich dir heute drei Hamster _____ und morgen vier,

wie viele Hamster hast du dann ◯

Acht ◯

Hannes, hast du _____ nicht zugehört ◯

Ich gebe dir heute **drei** _____ und morgen **vier**

Wie viele sind das dann ◯

Acht ◯

Wieso _____ ◯

Es sind acht, weil ich schon _____ Hamster zu Hause habe ◯

1 Auf den Hamstern findest du die fehlenden Wörter.
Zähle die Buchstaben und schreibe die Wörter an die richtigen Stellen.

2 Punkt, Ausrufezeichen oder Fragezeichen? Setze die richtigen Satzzeichen in die Kreise.

PAUSEPLATZSCHULEFERIENFÜLLERLEHRERIN
einmalfehlenhelfenlernenvergessenvielleichtzählenzeichnenfleißig

3 Trenne die Wörter mit Strichen ab. Schreibe sie dann auf:

6 Übungswörter

Rund ums Brot

Bäcker Quiesel

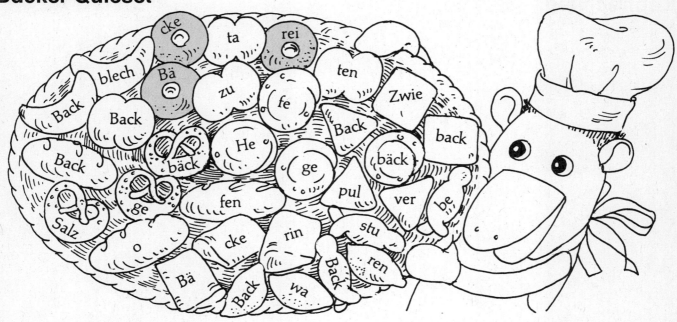

1 In Quiesels Korb sind elf Wörter mit BACK oder BÄCK versteckt. Setze sie aus den Silben zusammen und schreibe sie auf. Male die verwendeten Silben an.

Bäckerei,

2 Löse das Rätsel mit den Wörtern von Aufgabe 1.

a) Backwaren mit Hefe sind …
b) In seiner Wärme wird Kuchen gar
c) Daraus mischt man den Teig
d) Brot und Brötchen kauft man in der …
e) Salzstangen und Brezeln nennt man …
f) Weibliche Berufsbezeichnung für Bäcker
g) Es lässt den Teig aufgehen
h) Arbeitsraum des Bäckers
i) Darauf backt man Brot und Plätzchen
j) Hartes Gebäck
k) Brot, Brötchen und Kuchen heißen auch …

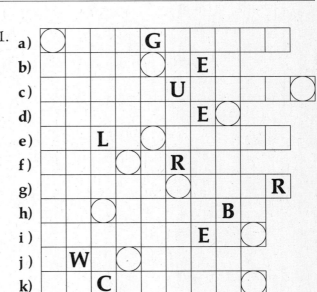

Lösung: Quiesel mag am liebsten ○○○○○○○○○○ .

Wortfamilie *backen*; Silbentrennung

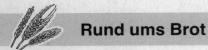

Rund ums Brot

Fein und knusprig

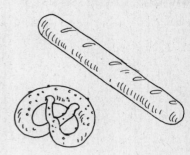

knusprig   rund
dunkel   lang   körnig
süß   weich   salzig
zart   hell   kräftig

1 Verbinde mit farbigen Linien, was jeweils passt.

2 Schreibe die passenden Adjektive auf:

_____

_____

_____

_____

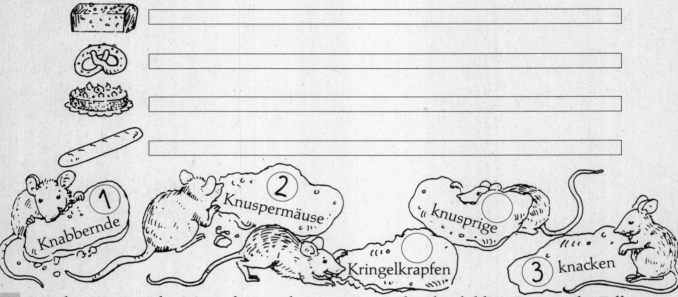

3 Mit den Wörtern der Mäuse kannst du einen Zungenbrecher bilden. Ergänze die Ziffern.

4 Schreibe den Zungenbrecher auf:

_____

_____

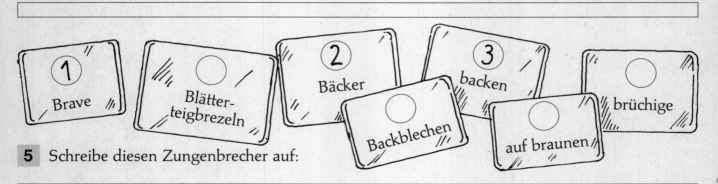

5 Schreibe diesen Zungenbrecher auf:

_____

_____

Adjektive; Konsonantenhäufung im Anlaut

Marco will backen

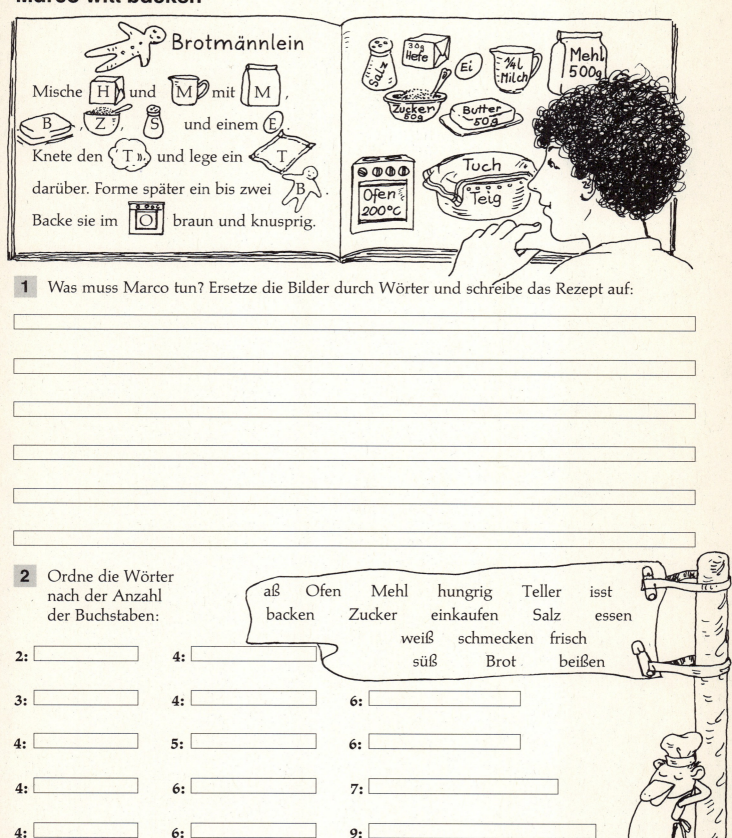

1 Was muss Marco tun? Ersetze die Bilder durch Wörter und schreibe das Rezept auf:

2 Ordne die Wörter nach der Anzahl der Buchstaben:

aß   Ofen   Mehl   hungrig   Teller   isst
backen   Zucker   einkaufen   Salz   essen
weiß   schmecken   frisch
süß   Brot   beißen

2:
3:
4:
4:
4:
4:

4:
4:
5:
6:
6:
6:

6:
6:
7:
9:
9:

Übungswörter; Wortfeld *backen*

Tiere

Verrückte Tierwelt

Da bellt die Maus.

Da kräht der Frosch.

Da muht das Schwein.

Da piepst der Hund.

Da quakt der Hahn.

Da quiekt das Huhn.

Da miaut die Meise.

Da gackert die Katze.

Da zwitschert die Kuh.

1 Schreibe auf, was die Tiere wirklich tun.

2 Setze die Wörter zusammen und schreibe die Reimwörter auf:

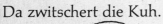

10 Plural; Verbformen im Präsens; Silbentrennung bei doppelten Konsonanten

Tiere im Zoo

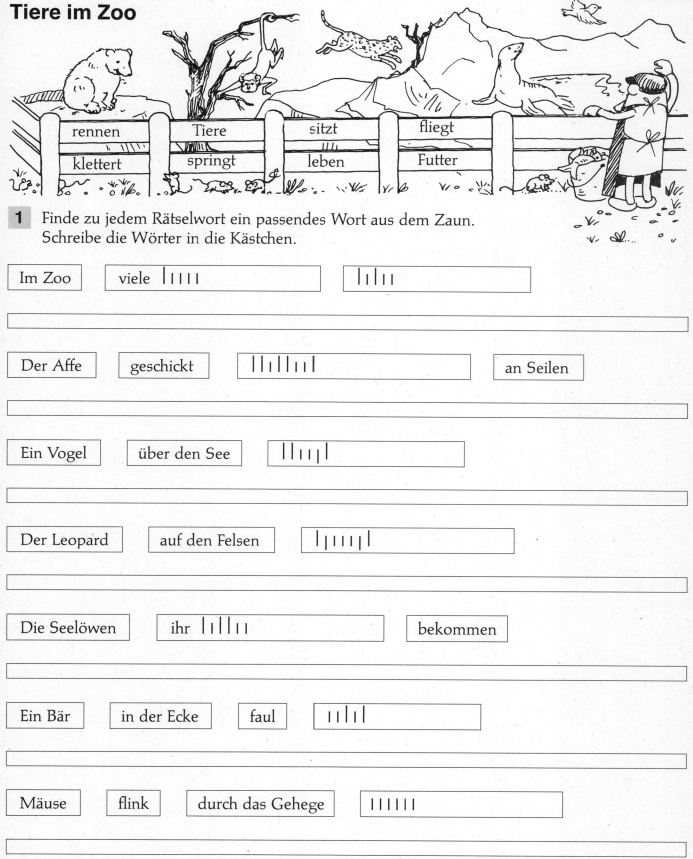

Wörter am Zaun: rennen, Tiere, sitzt, fliegt, klettert, springt, leben, Futter

1 Finde zu jedem Rätselwort ein passendes Wort aus dem Zaun. Schreibe die Wörter in die Kästchen.

| Im Zoo | viele ||||| | ||||| |

| Der Affe | geschickt | ||||||| | an Seilen |

| Ein Vogel | über den See | ||||| |

| Der Leopard | auf den Felsen | ||||||| |

| Die Seelöwen | ihr |||||| | bekommen |

| Ein Bär | in der Ecke | faul | ||||| |

| Mäuse | flink | durch das Gehege | |||||| |

2 Ordne die Satzglieder und schreibe die Sätze richtig auf.

Satzbildung 11

Tiere

Ein Tag im Zoo

Olga und Alex beobachten Menschen und Tiere. Ein Tierpfleger ✏t die Fütterungszeiten der Bären auf. Die Tierärztin ver✏t dem Löwen Hustensaft. Die Direktorin sitzt am ✏tisch und unter✏t einen Kaufvertrag für Pferde. Alex notiert alles in seinem ✏heft. Olga ist heute ✏faul.

1 Im Text stehen Stifte für den Wortstamm SCHREIB. Ergänze und schreibe den Text auf:

Tier, Straße, leben, springen, rennen, Weg, Futter, Stadt, laufen, klettern, fliegen, sitzen, ihr, ihm, ihn

2 Ordne die Wörter nach Wortarten.

Substantive/Nomen:

Verben:

Pronomen:

Wortfamilie *schreiben*; Übungswörter

Familie

Jan und Kathi am Computer

Jan und Kathi haben ein Computer-Spiel bekommen. Jan will spielen. Jan schaltet den Computer ein. Jans Schwester kommt. Kathi nimmt Jan die Maus weg. Jan schreit: „Ich will spielen!" Jans Gesicht wird rot. Kathi lacht: „Du hast das Spiel falsch angefangen." Kathi erklärt das Spiel. Dann spielen Kathi und Jan gemeinsam.

1 Überarbeite den Text. Setze für die unterstrichenen Wörter diese Pronomen ein:
er, es, ihm, sein, seine, sie, sie, sie

Versteckte Wörter

i	h	n	e	n	x	i	h	r	x	x	d	i	c	h
x	i	h	m	x	i	h	r	e	x	x	w	i	r	x
i	h	n	x	m	i	r	d	i	r	x	m	i	c	h
e	u	c	h	x	x	u	n	s	x	x	e	u	e	r
d	u	x	x	m	e	i	n	x	x	x	i	c	h	x

2 Hier sind 16 Pronomen versteckt. Kreise sie ein.

3 Schreibe die Wörter auf:

Pronomen **13**

Familie

Lenas flotte Oma

blinkt Onkel krank winkt dunkel
Gestank Bank tanken
Getränke trinken Enkelin

1 Setze die Wörter an der richtigen Stelle ein. Übermale **nk** rot.

Oma lädt ihre (E) _____ Lena zu einem Ausflug ein. Sie packt Brote und

(G) _____ ein. Dann fahren sie los. Mama (w) _____ ihnen

nach. „Wir müssen noch (t) _____. Und (t) _____ wollen wir

auch etwas", stellt Oma fest und (b) _____ nach rechts zum Rastplatz. Sie suchen

eine (B) _____. „Lärm und (G) _____ machen uns (k) _____",

reimt Lena. „Ja", gibt Oma zu, „aber wir fahren ja auch Motorrad." Beim (O) _____

auf dem Ponyhof ist es toll. Sie kommen zurück, als es schon (d) _____ wird.

Reime mit nk

Tank denken stinken Bank schenken trinken Schrank
lenken Dank blinken versenken Schinken

2 In der Autoschlange sind Reimwörter mit **ank**, **enk** und **ink** versteckt.
Schreibe sie in die Tabelle:

ank	
enk	
ink	

Wörter mit *nk*

Alle geben an

Lena fährt _____,
Kathi fährt _____,
*aber ich fahre **am besten**!*

*Kathi isst **viel**,*
Jan isst _____,
*aber ich esse **am meisten**!*

Musch hat Jan _____,
Lena hat er _____,
*aber mich hat er **am liebsten**!*

Jan klettert _____,
Kathi klettert _____,
*aber ich klettere **am höchsten**!*

Und ich trage die schönste Fahne!

1 Was passt? Setze diese Wörter ein:
lieb, gut, hoch, mehr, besser, höher, lieber

| Familie | Schwester | Sohn | Tante | Kind | Tochter | Bruder | warum |
| Geburtstag | wohnen | gratulieren | besuchen | einladen | heißen | | Onkel |

2 Zu jedem Wort in der Tabelle findest du in Quiesels Fahne ein Reimwort.
Trage es ein und hake es oben ab:

Lilie- _____	Handschlag- _____
Wind- _____	belohnen- _____
Kante- _____	verlieren- _____
Ruder- _____	Kuhfladen- _____
darum- _____	beißen- _____
Lohn- _____	Kuchen- _____

3 Drei Wörter aus der Fahne hast du nicht abgehakt. Schreibe sie auf:

_____

Vergleichsformen der Adjektive; Übungswörter   **15**

Im Bahnhof

Eine Fahrt mit der Bahn

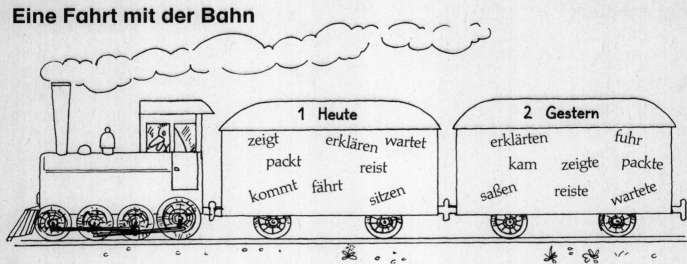

1 Heute: zeigt, erklären, wartet, packt, reist, kommt, fährt, sitzen

2 Gestern: erklärten, fuhr, kam, zeigte, packte, saßen, reiste, wartete

Heute fährt Julian allein zur Oma. Im Bahnhof erklären die Eltern Julian die Zeichen. Da kommt schon der Zug. Seine Mutter packt schnell noch ein Buch in Julians Tasche. Sein Vater zeigt ihm seinen Sitzplatz. Im Abteil sitzen bereits ein Herr und eine Frau. So reist Julian doch nicht allein und in Essen wartet schon die Oma.

1 Suche die Verben aus dem ersten Wagen im Text und unterstreiche sie rot.

2 Schreibe auf, was Julian gestern erlebte. Benutze die Vergangenheitsformen im zweiten Wagen:

Gestern fuhr Julian

3 Unterstreiche die Verben rot.

16 Verben in Präsens und Imperfekt

Ein schwerer Koffer

1 Bilde mit den Wörtern auf den Koffer-Aufklebern zusammengesetzte Wörter:

♡ Zug

Was bedeuten diese Bilder?

LAUT|DURCH|SAGE|SPRECHER   Lautsprecherdurchsage

KARTEFAHRRÜCK

TREPPEROLL

WAGENSCHLAF

ZUGAUTOREISE

ABTEILRAUCHERNICHT

KARTENFAHRAUTOMAT

2 Die Substantive/Nomen sind falsch zusammengesetzt.
Trenne die Wörter mit Strichen ab und setze sie richtig zusammen.

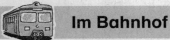

Im Bahnhof

Quiesels Wörterbahn

BAHNUHRRÜHRENWOHNENZEHNSOHNJAHRFEHLENFÜHLEN

FAHRTLEHREROHRSTUHLFRÜHLINGSCHUH

1 Trenne die Wörter in den Gleisen mit Strichen ab.

2 Übermale in den Wörtern **ah**, **eh**, **oh**, **uh** und **üh** in verschiedenen Farben.

3 Trage die Wörter ein:

ah	**eh**	**oh**	**uh**	**üh**

Bahn Fahrt Rad Zug Kasse Frau Herr reisen fährt warten kommen packen erklären zeigen billig

4 Ordne die Wörter aus Quiesels Fahne nach der Anzahl der Buchstaben:

Wörter mit Dehnungs-h; Übungswörter

Weihnachtszeit

Sterne und Schleifen

a) Jahreszeit, in der Schnee fällt
b) Beschäftigung im Advent
c) Sie kommen mit der Post
d) Ein Geschenk geben
e) Lichter ohne Strom
f) Reimt sich auf Wald
g) Sterne leuchten in der …
h) Eine Lampe gibt …
i) Zeit vor Weihnachten
j) Anderes Wort für Feier
k) Tageszeit

Silben auf den Sternen: Licht, Win, ken, Fest, vent, A, Nacht, Ad, bas, Ker, fe, ter, bend, zen, schen, Brie, bald, teln

1 Löse das Rätsel. Verwende die Silben auf den Sternen.
Das Lösungswort heißt: ☐☐☐☐☐☐☐☐☐☐

Schleife: Händler, Gewächs, Schlaf, Rätsel, Bläser, backen, wachsen, handeln, schlafen, blasen, raten, Gebäck ✓

Gebäck –

2 Immer zwei Wörter in der Schleife gehören zu derselben Wortfamilie. Suche zu jedem Substantiv/Nomen das passende Verb und schreibe die Wörter auf.

Silben; Übungswörter; Wortfamilien

Weihnachtszeit

Weihnachtsgeschenke

Filz	Öffnung	Nelken	Kordel
die beiden Herzen zusammennähen, oben eine kleine Öffnung lassen	zwei Herzen aus Filz schneiden	Öffnung zunähen und eine Kordel befestigen	das Herz mit Nelken oder anderen Gewürzen füllen

1 Was passt zusammen? Verbinde Bild und Text.

2 Schreibe auf, wie du das Herz bastelst:

1. Zuerst schneide ich

2. Dann nähe

3. Danach

4. Zum Schluss

3 Schreibe das Verb so auf, dass es zu den Pronomen passt:

schenken

ich _____   wir _____
du _____   ihr _____
er/sie _____   sie _____

Satzbau; Personalformen des Verbs

Der Schneemann hat Geburtstag

Geburtstags

1 Setze die Wörter im Schneemann mit **Geburtstag** zusammen. Setze immer ein **s** dazwischen.

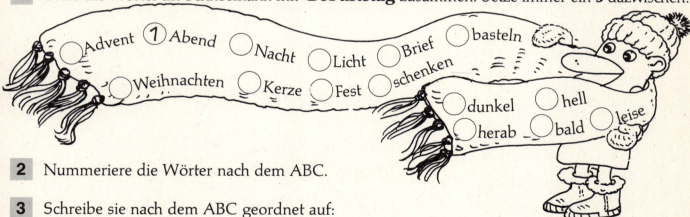

2 Nummeriere die Wörter nach dem ABC.

3 Schreibe sie nach dem ABC geordnet auf:

Krank sein

Omas altes Hausrezept

Oma erzählt:
Anfang Oktober **sammelten** wir Holunder am Waldrand.
Zu Hause **zupften** wir die Beeren von den Dolden ab.
Dann **kochten** wir die Beeren.
Den Saft **füllten** wir in Flaschen.
Bei Fieber **tranken** wir den heißen Saft.
Danach **gingen** wir ins Bett und **schwitzten** uns gesund.

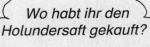

1 Schreibe Omas Rezept in Stichworten auf:

1. im Oktober Holunder sammeln

2. die Beeren von den Dolden

3. die Beeren

4. den Saft

5. bei Fieber

6. ins Bett

Lisa war krank

Lisa ⬜ krank im Bett.

Sie ⬜ fast den ganzen Tag.

Sie hatte Fieber und ⬜.

Oma ⬜ ihr Holundersaft.

Papa ⬜ ihr aus einem Buch vor.

Bald ⬜ es Lisa besser.

2 Verbinde die Anhänger mit den passenden Medizinfläschchen.

3 Setze die Verben in der Vergangenheitsform ein.

22 Verben: Grundform, Imperfekt

Witzige Spiele am Krankenbett

Fritz flitzt wie der Blitz von seinem Sitz.

Der Spatz schwatzt mit der Katze auf dem Platz.

Wutz putzt das schmutzige Schutzblech.

itz, atz, utz, jetzt hau'n wir auf den Putz!

1 Kreise **itz**, **atz** und **utz** in den Sprechblasen ein.

2 Vervollständige die Wörter mit **itz**, **atz**, **utz**, **ütz** und **etz**:

H(itz)e   s(itz)en   S(atz)   j_t   K_e   M_e   Bl_   Pf_e   Sch_
verl_t   w_ig   Pl_   sch_en   zul_t   Gl_e   Schn_el   ben_en
N_   kr_en   w_en   n_lich   h_en   erh_en   Sch_

3 Trage die Wörter ein:

itz	atz	utz/ütz	etz

Wörter mit *tz*

Krank sein

Was ist mit Quiesel los?

Quiesel ist |||| ⬚⬚⬚⬚ . Er liegt im |||| ⬚⬚⬚⬚

und |||||| ⬚⬚⬚⬚ .

Von |||| ⬚⬚⬚⬚ bis ||| ⬚⬚⬚

tut ihm alles weh. Er ist |||| ⬚⬚⬚⬚ und schläft. Bald geht es Quiesel

|||||| ⬚⬚⬚⬚ und er ist fast ||||| ⬚⬚⬚⬚ .

Wörter auf der Bettdecke: schwitzt, Fuß, gesund, müde, besser, Kopf, krank, Bett

1 Setze oben passende Wörter von der Bettdecke ein. Schreibe den Text vollständig auf:

_____

_____

_____

_____

Wörter auf Quiesels Fahne: Bett Zimmer Fuß Hals Kopf Rücken Ohr schwitzen krank gesund müde langweilig besser allein fast

2 Im Gitterrätsel sind 14 Wörter aus Quiesels Fahne versteckt. Übermale sie gelb und schreibe sie auf.

K	E	M	A	L	L	E	I	N	O	P
F	R	I	K	R	A	N	K	Q	U	E
R	Ü	C	K	E	N	T	K	O	P	F
O	H	R	Z	A	G	E	S	U	N	D
G	M	S	C	H	W	I	T	Z	E	N
X	B	E	S	S	E	R	F	L	I	M
F	A	S	T	Z	I	X	M	Ü	D	E
V	O	D	H	A	L	S	X	U	N	G
F	E	P	T	Z	I	M	M	E R	D
B	E	T	T	U	G	L	M	H	K	W

24 Übungswörter

Tierfabeln

Ein fabelhaftes Fabeltier

LÖWESTARKVOGELSCHÖNELEFANTKLUG
PFERDKRÄFTIGAFFELUSTIGHASEÄNGSTLICH

1 Kreise die sechs Tiernamen schwarz ein, die Adjektive grün.

2 Schreibe die Tiernamen mit den Adjektiven so auf: *der starke Löwe,...*

meint schimpft
fragt antwortet
schreit bittet

3 Wie kommen die Tiere über den Graben?
Setze die Tiernamen und die Wörter für *sagen* aus dem Kasten ein:

Der **Vogel** _____ : „Wer kann da hinüber fliegen?"

Das _____ _____ : „Ich nicht, ich springe."

Der _____ _____ : „Mich soll der Elefant tragen!"

Der _____ _____ : „Ja, aber schrei nicht so!"

Der _____ _____ : „Löwe, nimm du mich mit."

Der _____ _____ : „Ja, aber lieber würde ich dich fressen."

4 Schreibe die Satzzeichen bei der wörtlichen Rede (: und „") farbig nach.

Wortfeld *sagen*; Satzzeichen bei wörtlicher Rede

Tierfabeln

Tier-Rätsel

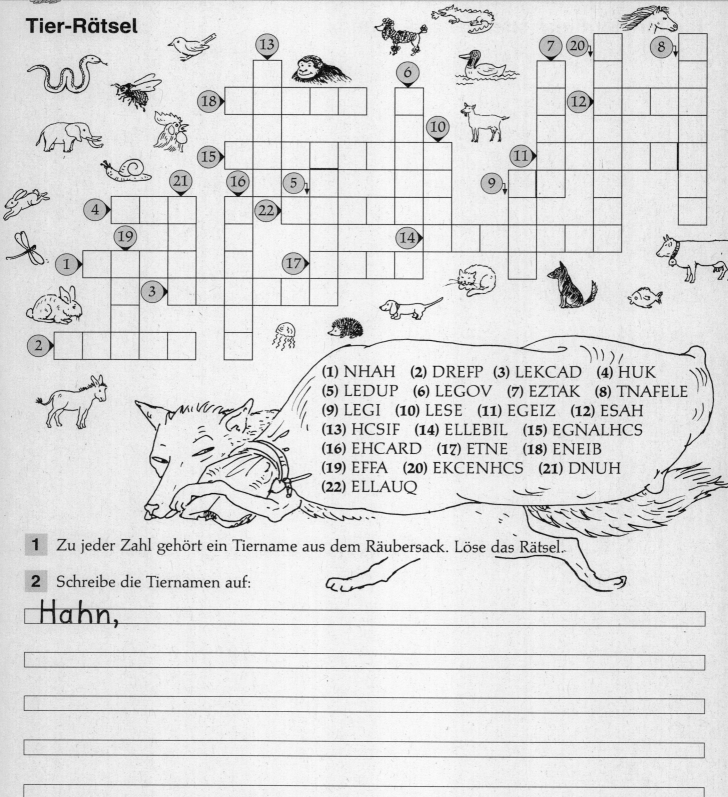

(1) NHAH (2) DREFP (3) LEKCAD (4) HUK
(5) LEDUP (6) LEGOV (7) EZTAK (8) TNAFELE
(9) LEGI (10) LESE (11) EGEIZ (12) ESAH
(13) HCSIF (14) ELLEBIL (15) EGNALHCS
(16) EHCARD (17) ETNE (18) ENEIB
(19) EFFA (20) EKCENHCS (21) DNUH
(22) ELLAUQ

1 Zu jeder Zahl gehört ein Tiername aus dem Räubersack. Löse das Rätsel.

2 Schreibe die Tiernamen auf:

Hahn,

3 Sprich dir die Wörter leise vor: In welchen sind lange Selbstlaute? Übermale die langen Selbstlaute farbig.

26 Wörter mit langen und kurzen Vokalen

Ich bin der Schönste im Fabel-Land

Im Spiegel:
am fleißigsten, fleißiger, stark, viel, am stärksten, leicht, am lustigsten, lustiger, schlechter, am schlechtesten, leichter, klüger, am klügsten, am meisten

Federn: lustig, mehr, am leichtesten, schlecht, klug, stärker, fleißig

1 Vervollständige die Vergleichsformen. Du findest sie im Spiegel.

Affe Elefant Pferd Vogel antworten fragen schimpfen
bitten meinen schreien danken schlecht klug stark viele

2 Suche aus Quiesels Fahne die passenden Wörter heraus und trage sie ein:

f _ _ _ _	h _ _	e _ _ _ _ _	g _ _ _
f _ _ _ _ _	t _ _ _	e _ _ _ _ _	t _ _ _
l _ _ _ _	h _ _ _ _	h _ _ _ _ _	n _ _ _
t _ _ _ _ _ _	e _ _ _ _ _	k _ _ _	

3 Schreibe die Wörter auf:

_____

_____

_____

Vergleichsformen des Adjektivs; Übungswörter

Unsere Erde

Außerirdische berichten von der Erde

> 1. Meldung: Die Erde ist hoch und die Berge sind rund. Die Menschen sind tief und die Meere sind freundlich. Die Höhlen sind klar und die Bäche sind dunkel.

1 Die 1. Meldung der Außerirdischen wurde gestört. Unterstreiche die Adjektive, die vertauscht wurden.

2 Schreibe die Meldung richtig auf:

> 2. Meldung: Die Menschen haben einen wichtigen Trick: Sie basteln mit Bausteinen neue Wörter: LICHbrüder, IGsonn, LICHfreund, IGhaar, LICHend, IGsand, LICHfest, IGmut, LICHmensch, IGlust, LICHfried, IGfreud, LICHsommer

3 Auch bei der 2. Meldung gab es Störungen. Schreibe die Adjektive richtig auf. Sie werden alle mit kleinem Anfangsbuchstaben geschrieben.

Ich verstehe gar nicht, warum hier alle Meldungen gestört werden!

4 Unterstreiche **ig** und **lich** mit zwei verschiedenen Farben.

28 Adjektive; Wortbildung mit *ig* und *lich*

3. Meldung: Merkwürdige Wörter von der Erde

25-22-22-7 1-12-12 14-12-12-9 8-22-22
7-22-22-9 11-26-26-9 8-24-19-13-22-22
16-26-21-21-22-22 26-26-15 16-15-22-22
7-22-22 25-22-22-9-22 21-22-22 19-26-26-9

1 Die Außerirdischen haben eine Zahlen-Geheimschrift.
Ergänze in den Kästchen die fehlenden Buchstaben:

Z					U						O						I				E				A
1	2	3	4	5	6	7	8	9	10	11	12	13	14	15	16	17	18	19	20	21	22	23	24	25	26

2 Die 3. Meldung kannst du nun entziffern. Schreibe die Wörter auf.
Sie haben alle einen großen Anfangsbuchstaben.

_____

_____

3 Kreise die doppelten Selbstlaute farbig ein.

4. Meldung

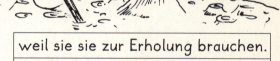

Die Menschen sorgen für sauberes Wasser,	weil sie sie zur Erholung brauchen.
Sie wollen die Luft rein halten,	weil sie es trinken müssen.
Sie wollen die Wälder schonen,	weil sie sie einatmen müssen.

4 Die Satzteile sind beim Senden durcheinander geraten.
Verbinde mit einer Linie, was wirklich zusammengehört.

5 Schreibe die drei Nachrichten richtig auf:

_____

_____

_____

_____

_____

_____

Wörter mit Doppelvokalen; Sätze mit *weil*

Unsere Erde

Reisen auf dieser Erde

◯ Dann setzte ich mich hinein. ① Erst baute ich das Boot. ◯ Schließlich fuhr ich los.

◯ Zunächst löste ich eine Karte. ◯ Ich fuhr bis zur Endstation.

◯ Danach bestieg ich den Zug.

◯ Als Nächstes packte ich meinen Rucksack. ◯ Zum Schluss zog ich meine Wanderschuhe an. ◯ Am Vormittag kaufte ich mir einen Kompass.

1 Welche Reihenfolge ist jeweils richtig? Schreibe 1, 2 und 3 in die Kreise.

2 Schreibe die Sätze in der richtigen Reihenfolge auf. Unterstreiche die Satzanfänge.

3 Trage passende Wörter aus Quiesels Fahne in die Felder ein:

M		c	h				n			r					z	h			
							n			f						b			r
		t		ö				M								f			g

4 Ordne die Wörter nach der Buchstabenanzahl und schreibe sie auf:

Berg Ende Erde fremd ganz haben hatte hoch Höhle Meer Mensch tief wichtig wir wissen

3: ___ 4: ___ ___ ___

4: ___ ___ ___ ___

5: ___ ___ ___ ___

6: ___ 7: ___

30 Logische Folge von Sätzen; Übungswörter

Riesen und Zwerge

Der Brief der Zwerge

1 Setze die Wörter von den Säcken ein:

Hallo, lieber R_____!

Bei uns hier im Land der M_____ gab es ein großes Unglück.

Unserem Z_____ Zwackel ist zum G_____ nichts passiert, doch

seine Mütze fiel h_____ in die riesige Kiste und das

S_____ schnappte zu. Stell dir das vor! Ein Z_____ ohne

M_____! Leider sind wir zu k_____ um den S_____

zu drehen. Aber vielleicht kannst du uns helfen. Du bist g_____ und

hast viel K_____. Darum s_____ wir dir vor uns bald zu

besuchen. Wir hoffen d_____ dass du uns helfen kannst.

Bis hoffentlich bald deine Freunde, die sieben Zwerge

2 Suche im Brief alle Wörter mit **ie** und kreise sie ein.

3 Hier sind die eingekreisten Wörter mit **ie** versteckt. Trage sie ein:

Übungswörter; Wörter mit *ie* **31**

Riesen und Zwerge

Hinter den sieben Bergen

Weiß wie Schnee, rot wie Blut, schwarz wie Ebenholz.

1 Bei den sieben Zwergen lebte einst ein liebliches Mädchen. So sah es aus:

Seine Haut war

Sein Mund war

Sein Haar war

Es hieß:

Lösung: Schneewittchen

2 Der Zwerg hat die Farbtöpfe falsch beschriftet. Trenne die Wörter mit Strichen ab. Setze die richtigen Farbnamen zusammen:

blutrot

Zusammengesetzte Adjektive

Hexenrätsel

Zauberinnen im Märchen
Faustkämpfer
Musikinstrument
Aufgeschriebene Geschichte
Nachschlagewerk
Mietwagen
Anderes Wort für *zusätzlich*
Arbeitsraum einer Ärztin
Anderes Wort für *schnell*

Wörter im Hexenmantel: Hexen fix Boxer Praxis Xylofon extra Text Taxi Lexikon

1 Löse das Rätsel. Verwende die Wörter aus dem Hexenmantel.

2 Setze die Wörter aus dem Hexenmantel richtig ein:

Ein verhexter T____: H_____ hexen für die Nixen e_____ f___ ein

L_____ und im T____ vor der P_____ spielt ein B_____

ganz toll X_____.

Fahne: Riese groß Mütze Märchen Kraft Zwerg Glück Schloss stellen klein Schlüssel 1 darauf hinunter schlagen immer

3 Ordne die Wörter aus der Fahne nach dem ABC. Schreibe sie nach dem ABC geordnet auf:

Wörter mit *x*; Übungswörter **33**

Wörter unter der Lupe

Vier Bilder – ein Wort

1 Zu allen Bildern passt dasselbe Verb. Schreibe es in die Mitte.

Ein Wort – mehrere Bedeutungen

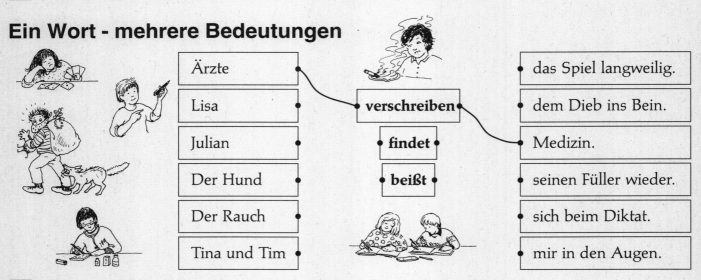

2 Mit jedem Verb kannst du zwei Sätze bilden. Verbinde sie mit Linien.

3 Schreibe die sechs Sätze auf:

_____

_____

_____

_____

_____

_____

Mehrdeutige Verben

Reimen mit Quiesel

| Hase | Rad |
| Wal | Krug |

| Zug | Schal |
| Vase | Bad |

1 Setze die Reimwörter aus den Wörterkisten ein:

Es war einmal ein ☐

der brauchte einen ☐

Es war einmal ein ☐

das nahm ein kühles ☐

Es war einmal ein ☐

der fuhr auf einem ☐

Es war einmal ein ☐

der trank aus einer ☐

2 Schreibe die Reimpaare auf: *Wal - Schal, ...*

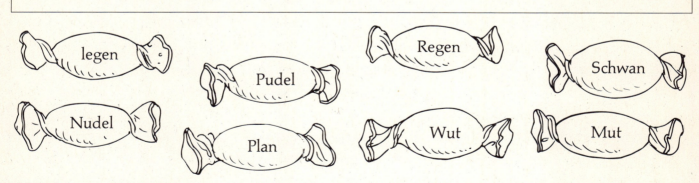

legen — Nudel — Pudel — Plan — Regen — Wut — Schwan — Mut

3 Male die Bonbons mit einem Reimpaar in derselben Farbe aus. Schreibe die Reimpaare auf:

Wörter mit langem Vokal **35**

Wörter unter der Lupe

Quiesel hat Geburtstag

Es ist ||||| ☐ Uhr in der Nacht.

Quiesel ||||| ☐ . Da wacht er

||||||| ☐ auf. Er hat etwas gehört. Er |||| ☐ tief Luft und zählt

bis |||||| ☐ . Leise fragt er: „Wer ist da? Lisa, |||| ☐ du es?"

Er öffnet |||||||||| ☐ die Tür. Dort liegen ||| ☐ Päckchen.

Montag   Dienstag   Mittwoch   Donnerstag   Freitag   Samstag   Sonntag
holen, holt   träumen, träumt   bist   elf   zwölf   zwanzig   plötzlich   vorsichtig
---

1 Setze oben passende Wörter aus Quiesels Fahne ein.

2 Schreibe den Text ab:

☐
☐
☐
☐
☐
☐

3 An welchem Wochentag ist Quiesel geboren?
Löse das Rätsel:

6. Wochentag:
2. Wochentag:
4. Wochentag:
3. Wochentag:
5. Wochentag:
1. Wochentag:

Quiesel ist an einem ☐ geboren.

36 Übungswörter

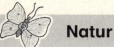

Natur

Hier stimmt was nicht!

Ein Fisch	klopft	an der Blüte.
Ein Specht	schwimmt	über die Wiese.
Ein Schmetterling	hoppelt	am Baum.
Ein Maulwurf	saugt	im Wasser.
Ein Hase	springt	einen Gang.
Ein Frosch	gräbt	von Ast zu Ast.
Ein Eichhörnchen	quakt	am Ufer.

1 Was machen die Tiere wirklich? Male die Satzteile, die zusammen gehören, in derselben Farbe aus.

2 Schreibe auf, was auf dem Bild zu sehen ist:

Sechs Fische schwimmen

3 Unterstreiche die Verben. Vergleiche mit den Verben auf den Kärtchen. Kreise ein, welche Buchstaben sich geändert haben.

Satzbildung; Personalformen des Verbs; Einzahl-Mehrzahl

Natur

Ein Baum erzählt von früher

> gepflanzt · vor langer Zeit · wurde · ich
> Nester · Vögel · im Frühjahr · in meinen Zweigen · bauten
> Kinder · im Sommer · spielten · in meinem Schatten
> ich · saftige Äpfel · trug · jeden Herbst
> sorgten · die Menschen · für mich

1 Schreibe auf, was der Baum erzählt. Vergiss nicht: Satzanfänge groß, Punkte am Ende!

Vor

Im

Ein Baum erzählt von heute

> *Damals war ich glücklich. Heute werde ich häufig unfreundlich behandelt.*
> *Oft liegt hässlicher Müll unter mir. Auch die Autos sind für mich schädlich. Ich bin kränklich.*
> *Die Menschen sollten daran denken, dass ich nützlich bin.*

Blätter: Glück · krank · Schaden · Freund · Hass · Nutzen

2 Unterstreiche alle Adjektive mit **lich**.

3 Schreibe zu jedem Adjektiv ein verwandtes Wort auf. Verwende die Wörter auf den Blättern.

glücklich – Gl

Satzbildung; Wortbildung

Das Blatt

Gras Wiese Baum Zweig Blatt Wald Feld mehr
Luft Meer wachsen lassen sammeln nah Pflanzen

1 Trage die Wörter aus Quiesels Fahne ein:

Nicht weit weg vom ☐☐**r**☐ ist ein ☐**e**☐☐. Dort ☐**ch**☐☐☐ viele

☐☐**z**☐☐☐. Daneben ist eine ☐☐☐**e** mit hohem ☐☐**a**☐.

Weiter hinten ist ein ☐**l**☐ mit einem uralten ☐☐☐☐. An einem ☐☐☐☐☐

hängt ein buntes ☐☐☐☐☐. Der Wind reißt es los und will es durch die ☐☐**f**☐

fliegen ☐**a**☐☐☐☐. Es landet ganz ☐☐☐ bei Quiesel. Sicher findet er noch

☐☐☐☐ Sachen. Er sagt: „Dinge ☐☐☐☐☐☐☐ ist spannend!"

> In Fel♢ und Wal♢ ist die Luf♢ oft kal♢!
> Wenn du wissen willst, ob am
> Wortende **d** oder **t** geschrieben wird,
> musst du die Wörter **verlängern**!

Fel♢er - Fel♢, Wäl♢er - Wal♢, luf♢ig - Luf♢,
käl♢er - kal♢, Win♢e - Win♢, Pfer♢e - Pfer♢,
Klei♢er - Klei♢, gesun♢e - gesun♢

2 **d** oder **t**? Sprich das verlängerte Wort deutlich, dann hörst du es. Schreibe die Wortpaare auf:

_____

_____

_____

Übungswörter; Auslautverhärtung bei *d*

Mädchen und Jungen

Vor der Klassenfahrt

Ich finde es toll,		wir eine Nachtparty machen.
Ich bin aufgeregt,	**dass**	wir gutes Wetter haben.
Ich bin traurig,		wir eine Klassenfahrt machen.
Ich bin sauer,		ich Heimweh bekomme.
Ich habe Angst,	**weil**	mein Hund nicht mitfahren kann.
Ich bin froh,		ich keinen Walkman mitnehmen darf.

1 Was denken die Kinder? Verbinde die Satzteile und schreibe sinnvolle Sätze auf:

40 Sätze mit *dass* und *weil*

Im Schullandheim

Am Montag kam **die Klasse** an. _____ begrüßte die Kinder freundlich. Dann erklärte _____ die Hausordnung. Nach dem Essen packte _____ gleich sein Federballspiel aus. _____ sammelte mit ihrer Freundin Steine. Am Nachmittag machten _____ einen Ausflug zum Schloss. _____ wusste alles. _____ erzählte die Geschichte des Schlosses.

1 Um wen geht es hier? Setze die Subjekte (Satzgegenstände) ein:
die Klasse ✓, sie , Patrick , Sie , Die Heimleiterin , Die Lehrerin , alle , Tina

Die Klasse plant eine Nachtparty

Wer schmückt den Raum? — Die Jungen!
Wer besorgt Getränke? — Die Mädchen!
Wer denkt sich Spiele aus? — Ich!
Wer will Diskjockey sein? — Ich!

2 Wer tut was? Schreibe die Sätze auf:

Die Jungen schmücken

Subjekt und Prädikat

Mädchen und Jungen

Was ist in Patricks Rucksack?

1 Setze in jedes Wort *ck* ein:

Patri◊ kommt nach Hause. Er pa◊t seinen Ru◊sa◊ aus. Was da alles zum Vorschein kommt: eine fle◊ige Stri◊ja◊e, eine fremde So◊e, ein dre◊iger Sto◊ und tro◊ene Blätter! Papa me◊ert: „Was hast du denn alles eingepa◊t?"

2 Schreibe den Text ab:

Mädchen Jungen können kann freuen wandern weinen traurig böse lieb freundlich dir mir tanzen froh

3 Ordne die Wörter in Quiesels Fahne nach der Anzahl der Buchstaben:

3: ☐   4: ☐ ☐

4: ☐ ☐   6: ☐ ☐

6: ☐ ☐ ☐   7: ☐

7: ☐ ☐   10: ☐

42 Wörter mit *ck*; Übungswörter

Wasser

Früher

Heute

1 Verbinde die Satzglieder zu sinnvollen Sätzen. Verwende verschiedene Farben:

2 Schreibe die Sätze auf:

Früher:

Heute:

3 Unterstreiche in allen Sätzen die Verben rot: *haben ... geholt* – *holen*, ...

Satzglieder; Verben in Präsens und Perfekt

Wasser

An Quiesels Quelle

Fish syllables: Quel, Quit, Qua, Qual, quat, quie, quas, quen, qual, que, quä, quet, qua, tung, le, schen, ken, seln, geln, men, ren, len, drat, schen, ken, le

a) Hier kommt das Wasser aus der Erde
b) Über alles Mögliche reden
c) Bestätigung für eine bezahlte Rechnung
d) Geräusch, das Schweine machen
e) Viel und schnell reden
f) Das tun Kinder oft, wenn sie unzufrieden sind
g) Anderes Wort für *rauchen*
h) Über die Straße gehen
i) Schmerz zufügen
j) Viereck
k) Zusammendrücken
l) Geräusch, das Frösche machen
m) Durchsichtiges Meerestier

1 Löse das Silbenrätsel. Lösungswort:

QUARTETTQUELLEQUALLEQUARKQUADERQUALM

2 Trenne die Wörter mit Strichen ab.

3 Schreibe zu jedem Bild das passende Wort:

Wörter mit *Qu/qu*

Wortwellen

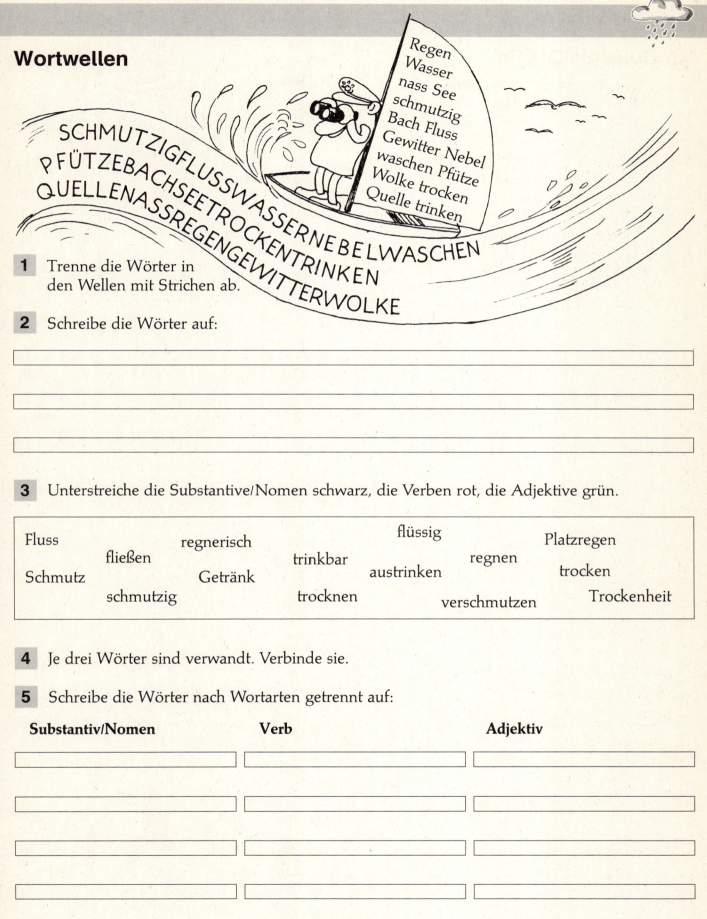

SCHMUTZIGFLUSSWASSERNEBELWASCHEN
PFÜTZEBACHSEETROCKENTRINKEN
QUELLENASSREGENGEWITTERWOLKE

Regen Wasser nass See schmutzig Bach Fluss Gewitter Nebel waschen Pfütze Wolke trocken Quelle trinken

1 Trenne die Wörter in den Wellen mit Strichen ab.

2 Schreibe die Wörter auf:

3 Unterstreiche die Substantive/Nomen schwarz, die Verben rot, die Adjektive grün.

Fluss	regnerisch		flüssig	Platzregen
	fließen	trinkbar		regnen
Schmutz	Getränk		austrinken	trocken
	schmutzig	trocknen		Trockenheit
			verschmutzen	

4 Je drei Wörter sind verwandt. Verbinde sie.

5 Schreibe die Wörter nach Wortarten getrennt auf:

Substantiv/Nomen	Verb	Adjektiv

Übungswörter; Wortfamilien; Wortarten

Am Bildschirm

Wörter-Sortier-Programm

1: Fernseher Computer Bild Film Aufgabe

2: schalten üben verstehen falsch richtig

3: passen finden gestern zuerst gewinnen

1 Sortiere die Wörter des ersten Bildschirms nach dem ABC:

2 Sortiere die Wörter des zweiten Bildschirms nach der Anzahl der Buchstaben:

3 Schreibe die Reimwörter aus dem dritten Bildschirm auf:

Schwestern – [ ], binden – [ ], lassen – [ ],

beginnen – [ ], beschwerst – [ ]

Durcheinander am Bildschirm

Ych habö öyn nöuös Spyöl probyört. Daböy muss man nur Buchstabön ym Computör durch andörö örsötzön. Das göht automatysch und so syöht das dann aus. Vyöl Spaß böym Lösön!

4 Diese Buchstaben sind vertauscht: y = [ ], ö = [ ]. Schreibe den Text richtig auf:

46 Übungswörter

Drachen

Der letzte Wörterdrache

Schuppen: Bl/bl blau, Br/br braun, Gl/gl gelb, Gr/gr grün
-ume, -ocke, -ief, -ück, -itzern, -ingen, -ün, -inken, -uder, -eiben, -atulieren, -ücke, -aben, -änzen, -itz, -ausig

1 Welche Wörter hat der Wörterdrache auf seinen Schuppen? Setze sie zusammen und male die Schuppen in der angegebenen Farbe aus.

2 Schreibe die Wörter geordnet auf:

Bl/bl: _____

Br/br: _____

Gl/gl: _____

Gr/gr: _____

Der Wörterdrache erzählt

Welcher Drache wohnte als |||||| _____

an diesem ||| _____ ? Ich will euch die

|||||||| _____ von Onkel Bradomir

|||||| _____ . Er war |||| _____ ,

sein Bauch war |||| _____ und sein Schwanz

war |||| _____ . Nur sein Hals war |||| _____ .

Seinen Kopf musste er ||| _____ nach unten ||||| _____ lassen,

weil er ihm zu ||||| _____ wurde. Er sah |||||||| _____ aus!

Kaum ein ||||| _____ hatte den ||| _____ ihn zu besuchen.

Aber ich durfte kommen, |||| _____ ich wollte.

Fahne: wild breit Mut Geschichte oft schwer dick wann erzählen letzter schrecklich fallen Drache dünn Ort

3 Setze die passenden Wörter aus der Fahne ein.

Konsonantenhäufung im Anlaut; Übungswörter

Aus der Steinzeit

Im Museum

Feuer in der Steinzeit

Ein ⟨B⟩☐☐☐☐ schlägt in einen Baum.

Äste ⟨b⟩☐☐☐☐☐☐.

Ein ⟨F⟩☐☐☐☐ entsteht.

Werkzeuge in der ⟨S⟩☐☐☐☐☐☐☐☐

Die Menschen ⟨b⟩☐☐☐☐☐☐☐

⟨h⟩☐☐☐☐ ⟨S⟩☐☐☐☐☐.

Sie ⟨k⟩☐☐☐☐☐☐ sie aufeinander.

Es entstehen ⟨s⟩☐☐☐☐☐ Kanten.

Damit ⟨ö⟩☐☐☐☐☐ sie Früchte und erlegen Tiere.

1 Ergänze die Texte. Die Wörter findest du in Quiesels Fahne.

Stein Feuer Zeit Blitz brennen klopfen brauchen öffnen scharf hart früher wahr jetzt vorbei zurück

Steinzeit-Rätsel

a) Gegenteil von *vorwärts*
b) Gegenteil von *jetzt*
c) Die Steine musste man
d) Anderes Wort für *heute*
e) Anderes Wort für *schon geschehen*
f) Angezündete Äste…
g) Gegenteil von *falsch*

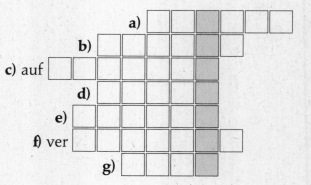

2 Löse das Rätsel. Die Wörter findest du in Quiesels Fahne.
Das Lösungswort zeigt, welches Tier die Steinzeitmenschen oft jagten.

Es heißt: ☐☐☐☐☐☐☐.

48 Übungswörter